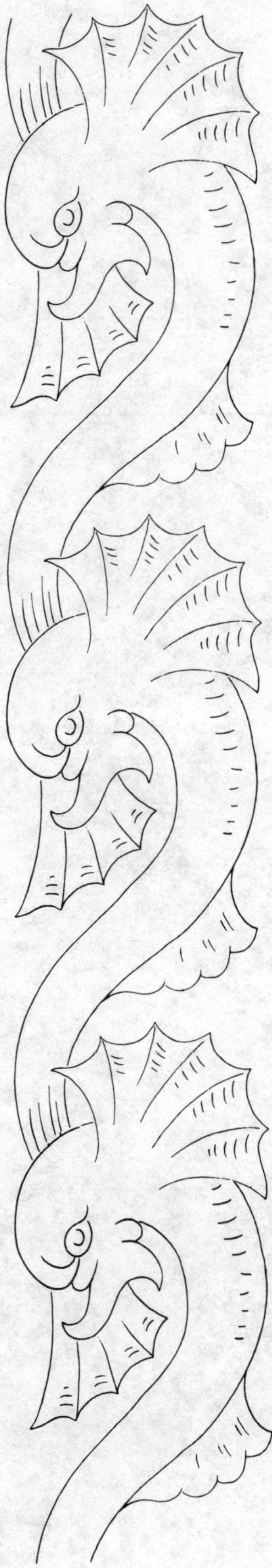

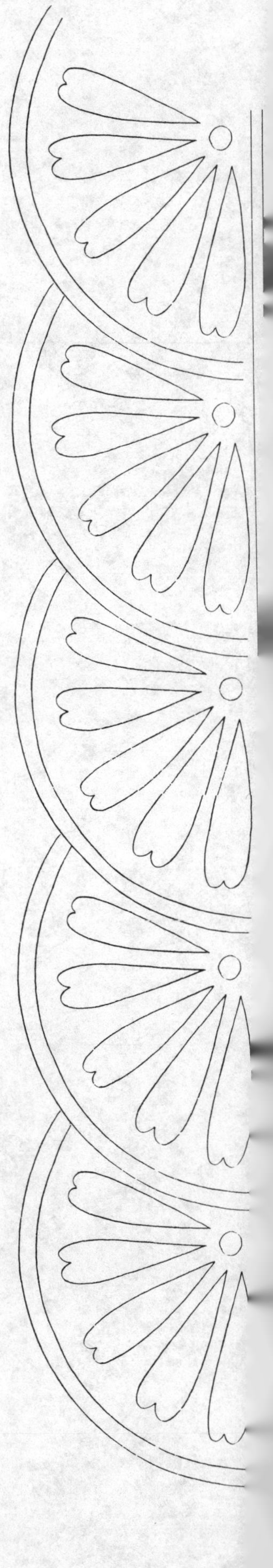

TEST PATTERN:

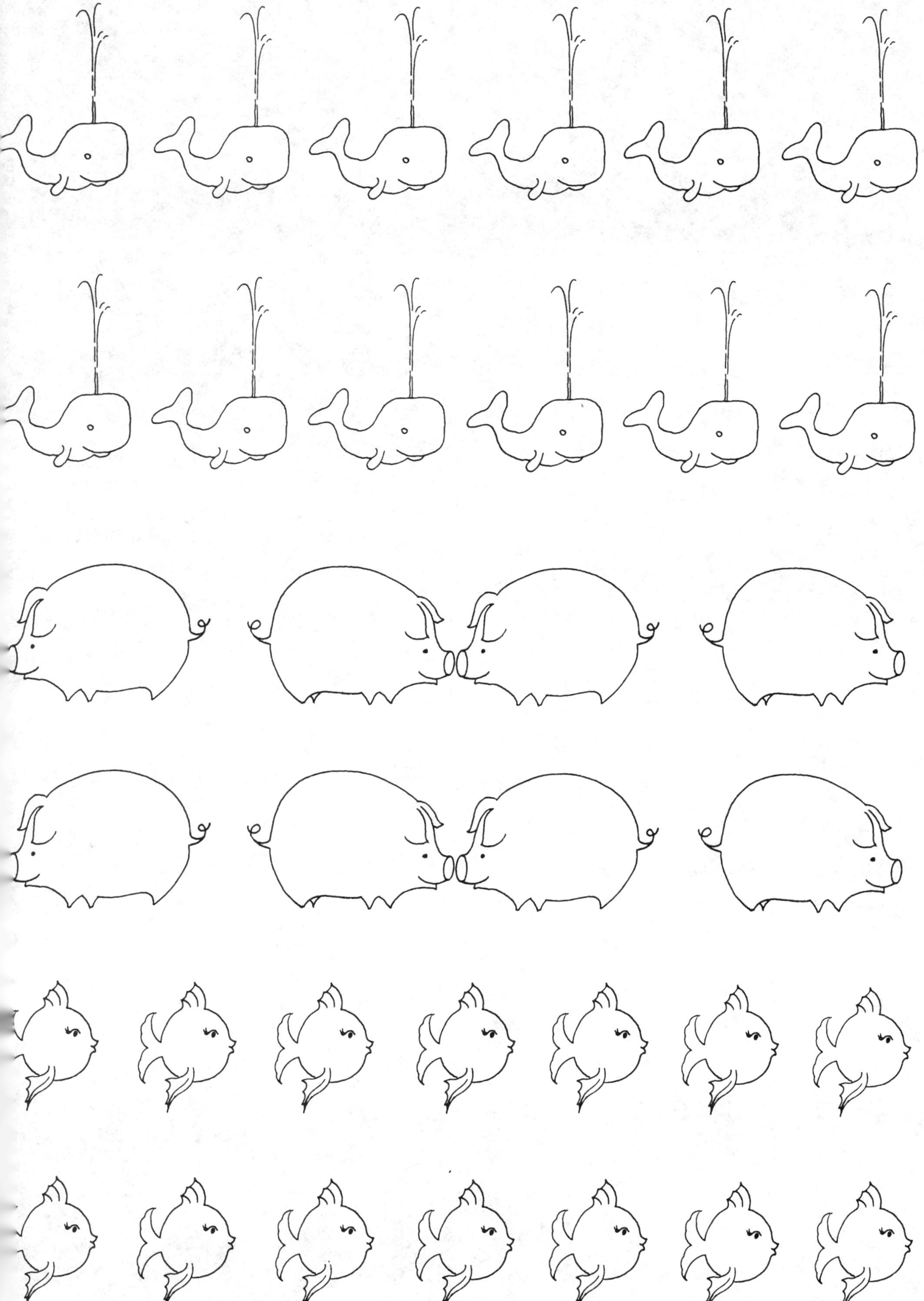

TEST PATTERN

TEST PATTERN: 

TEST PATTERN: 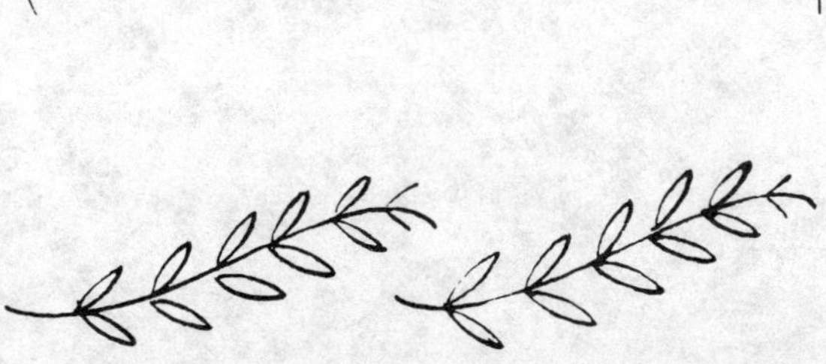

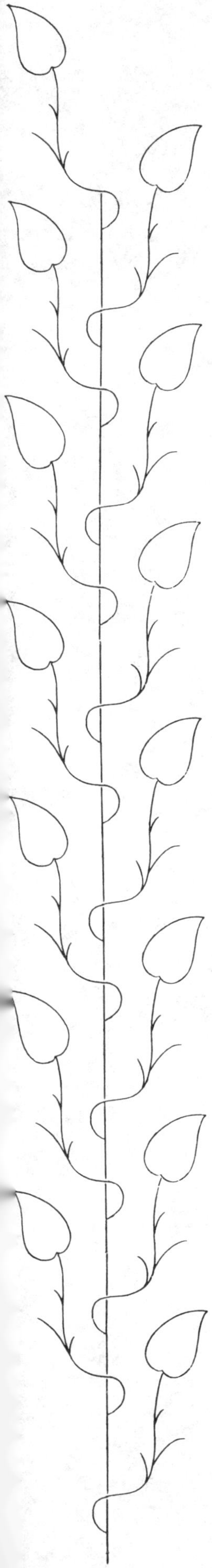

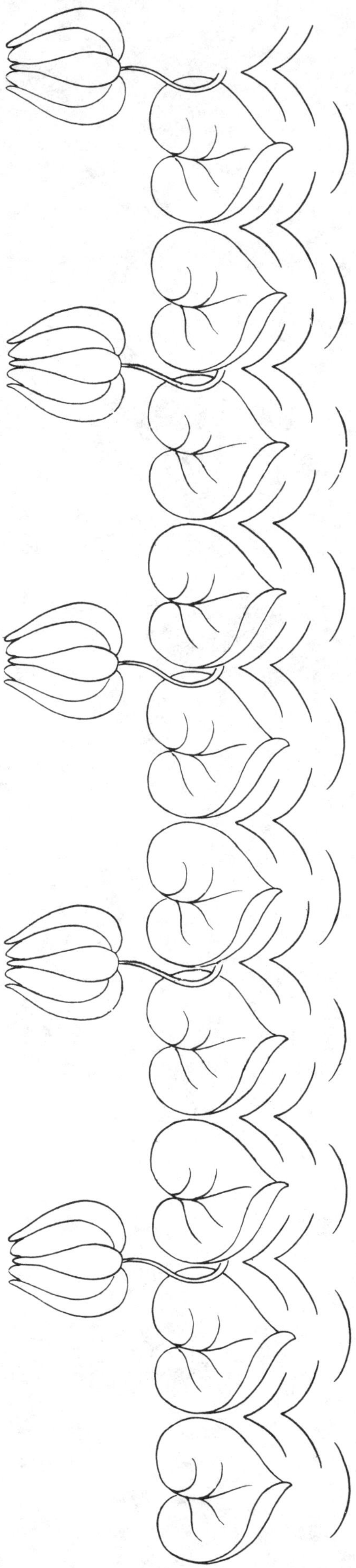

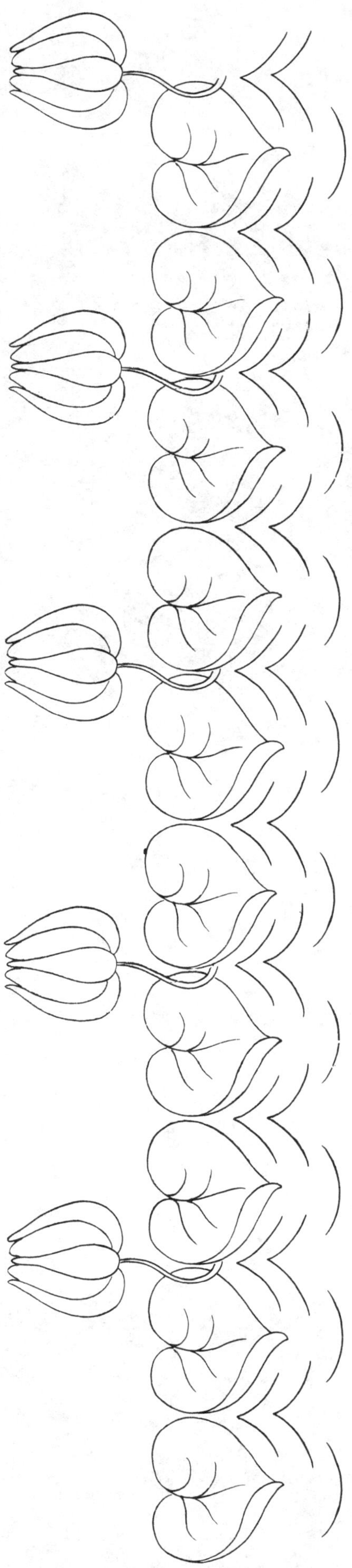

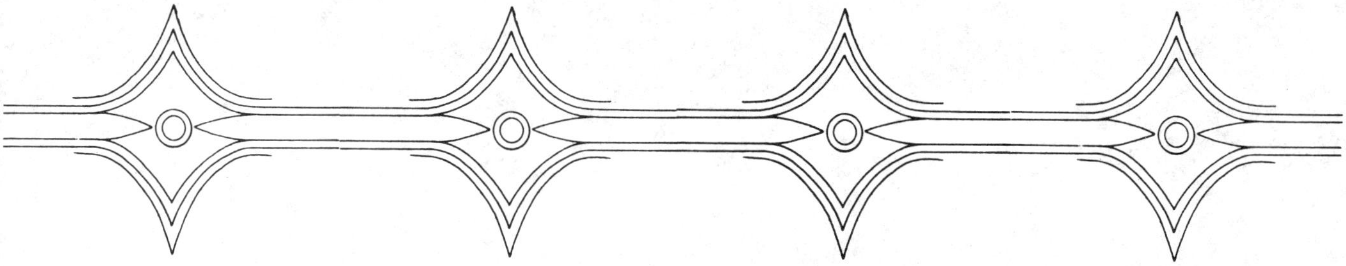

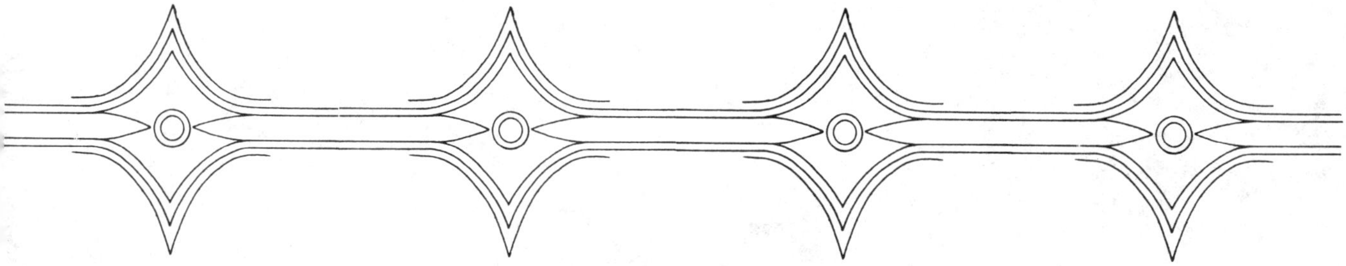

TEST PATTERN

TEST PATTERN:

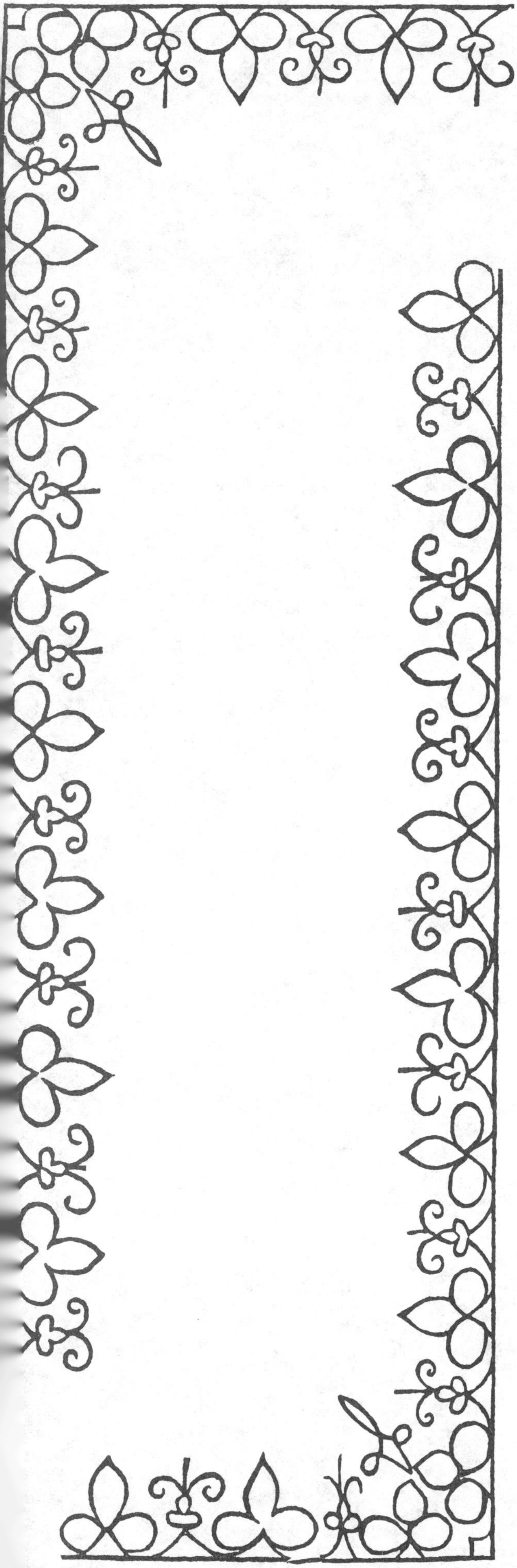

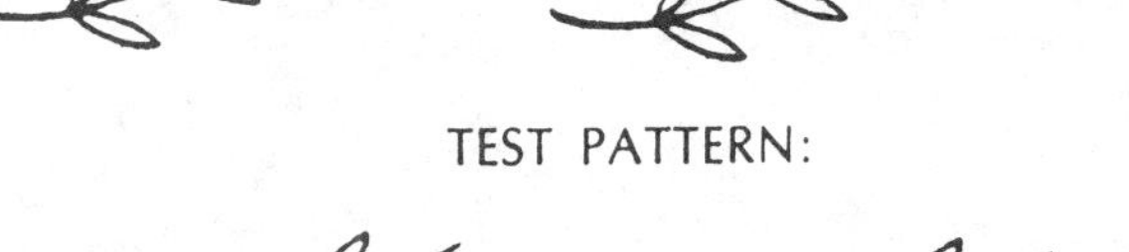

TEST PATTERN:

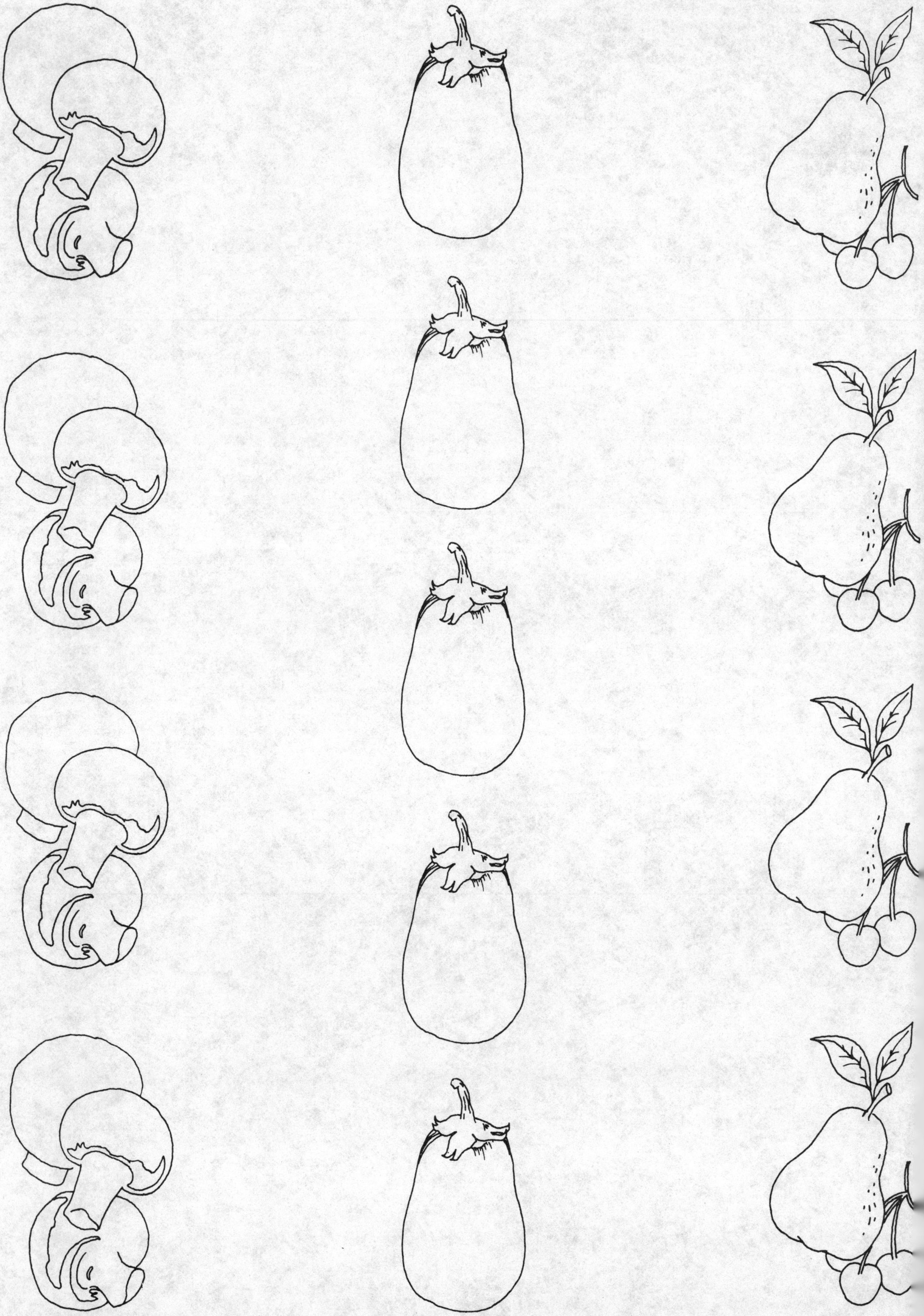

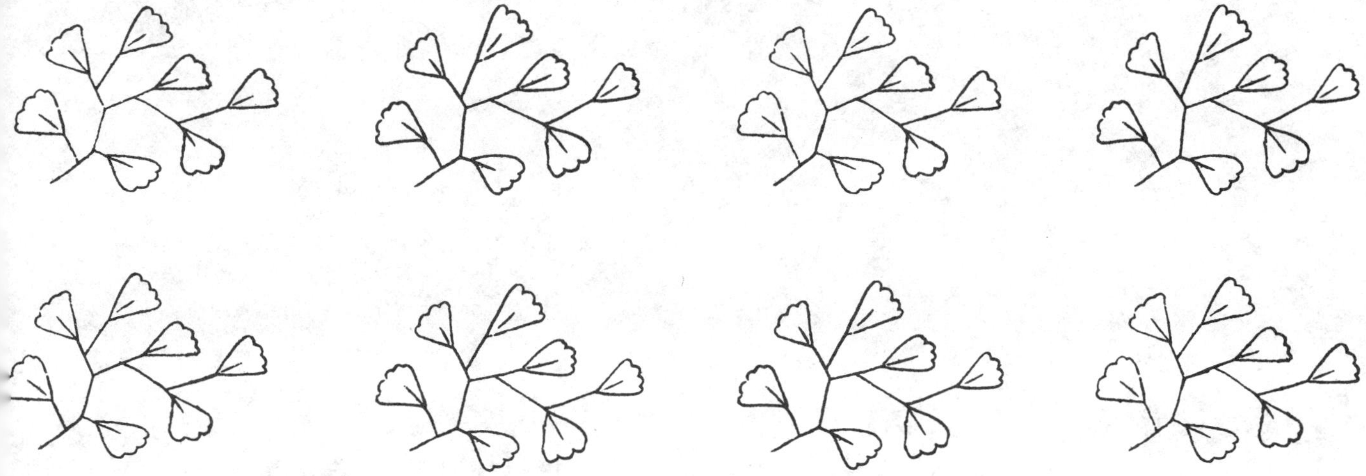

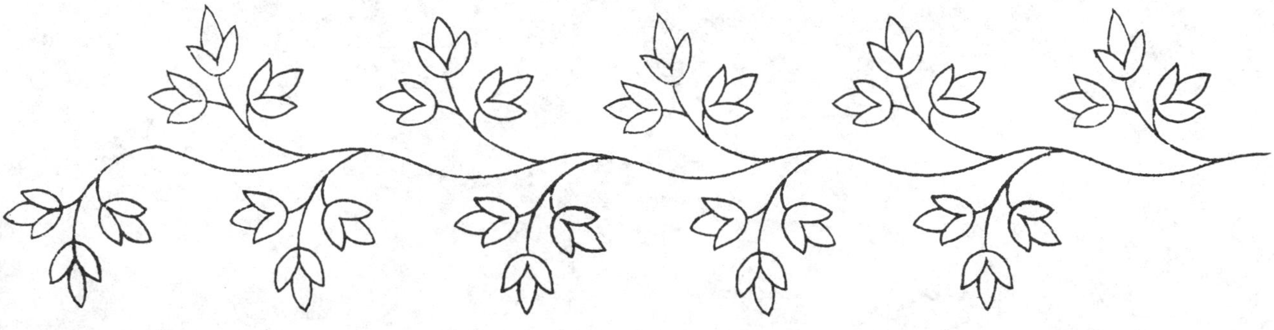